Mała Czerwona Kurka i Ziarnka Zboża

The Little Red Hen and the Grains of Wheat

Retold by L.R.Hen
Illustrated by Jago

Polish translation by Sophia Bac

mantra lingua

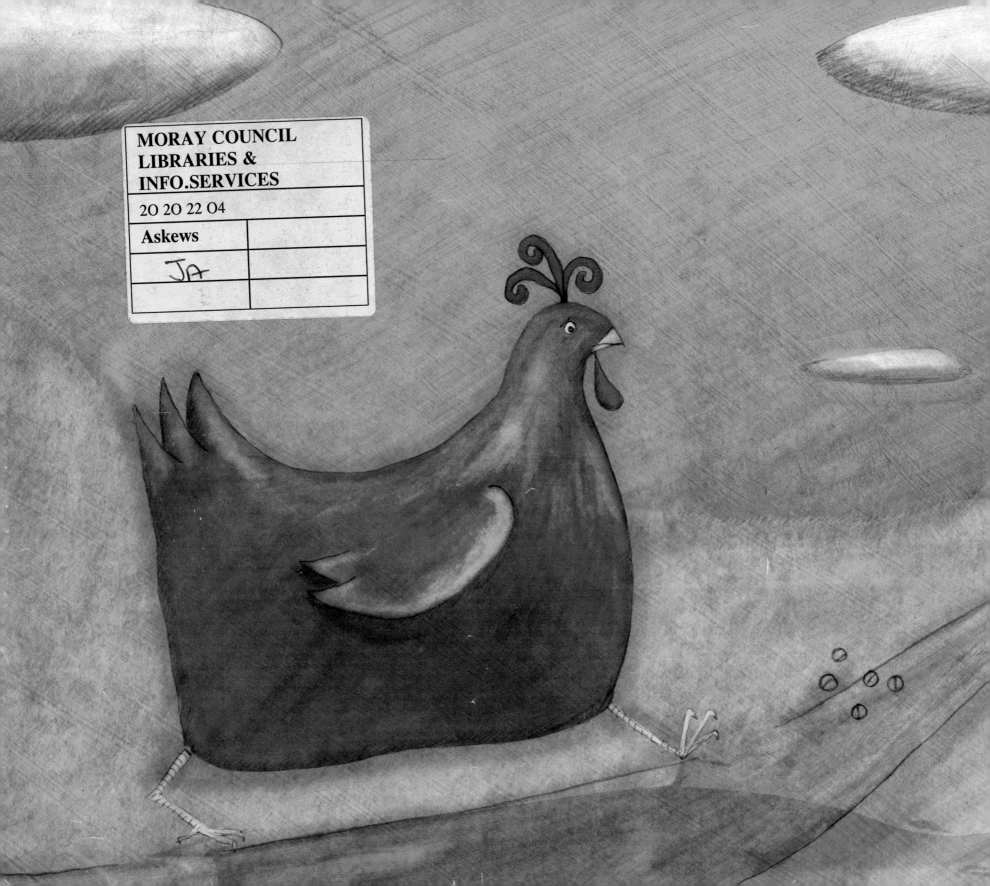

Pewnego dnia Mała Czerwona Kurka spacerowała sobie po podwórku,
gdy znalazła kilka ziarnek zboża.
"Mogę zasiać to zboże," pomyślała sobie. "Ale będę potrzebowała pomocy."

One day Little Red Hen was walking across the farmyard when she found
some grains of wheat.
"I can plant this wheat," she thought. "But I'm going to need some help."

Mała Czerwona Kurka zawołała do zwierząt na farmie:
"Czy ktoś mi pomoże zasiać to zboże?"
"Ja nie," powiedział kot, "Jestem bardzo zajęty."
"Ja nie," powiedział pies, "Jestem bardzo zajęty."
"Ja nie," powiedziała gęś, "Jestem bardzo zajęta."

Little Red Hen called out to the other animals on the farm:
"Will anyone help me plant this wheat?"
"Not I," said the cat, "I'm too busy."
"Not I," said the dog, "I'm too busy."
"Not I," said the goose, "I'm too busy."

"W takim razie sama to zrobię," powiedziała Mała Czerwona Kurka.
Wzięła ziarnka zboża i zasiała je sama.

"Then I shall do it all by myself," said Little Red Hen.
She took the grains of wheat and planted them.

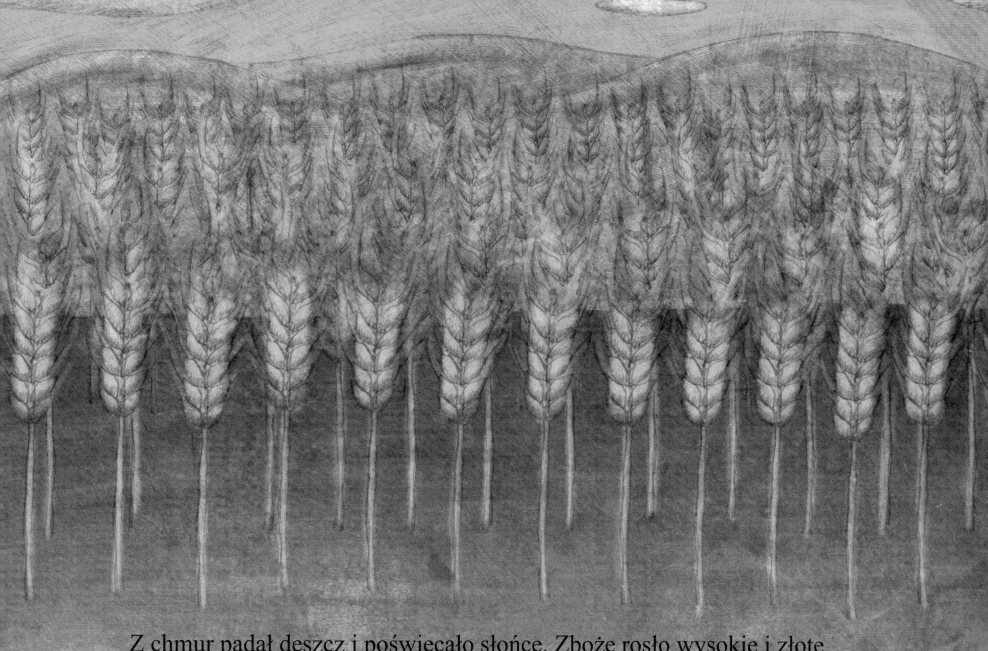

Z chmur padał deszcz i poświecało słońce. Zboże rosło wysokie i złote.
Pewnego dnia Mała Czerwona Kurka zobaczyła, że zboże było dojrzałe.
Teraz było gotowe do zebrania.

The clouds rained and the sun shone. The wheat grew strong and tall and golden.
One day Little Red Hen saw that the wheat was ripe. Now it was ready to cut.

Mała Czerwona Kurka zawołała do zwierząt:
"Czy ktoś mi pomoże zebrać zboże?"
"Ja nie," powiedział kot, "Jestem bardzo zajęty."
"Ja nie," powiedział pies, "Jestem bardzo zajęty."
"Ja nie," powiedziała gęś, "Jestem bardzo zajęta."

Little Red Hen called out to the other animals:
"Will anyone help me cut the wheat?"
"Not I," said the cat, "I'm too busy."
"Not I," said the dog, "I'm too busy."
"Not I," said the goose, "I'm too busy."

"W takim razie będę musiała to zrobić sama," powiedziała Mała Czerwona Kurka.
Wzięła sierp i ścięła całe zboże. Następnie związała je w wiązki.

"Then I shall do it all by myself," said Little Red Hen.
She took a sickle and cut down all the wheat. Then she tied it into a bundle.

Teraz zboże było gotowe do młócenia.
Mała Czerwona Kurka przyniosła wiązki zboża z powrotem na podwórko.

Now the wheat was ready to thresh.
Little Red Hen carried the bundle of wheat back to the farmyard.

Mała Czerwona Kurka zawołała do zwierząt:
"Czy ktoś mi pomoże wymłócić zboże?"
"Ja nie," powiedział kot, "Jestem bardzo zajęty."
"Ja nie," powiedział pies, "Jestem bardzo zajęty."
"Ja nie," powiedziała gęś, "Jestem bardzo zajęta."

Little Red Hen called out to the other animals:
"Will anyone help me thresh the wheat?"
"Not I," said the cat, "I'm too busy."
"Not I," said the dog, "I'm too busy."
"Not I," said the goose, "I'm too busy."

"W takim razie zrobię to sama!"
powiedziała Mała Czerwona Kurka.

"Then I shall do it all by myself!"
said Little Red Hen.

Młóciła zboże przez cały dzień.
Gdy skończyła włożyła je na wóz.

She threshed the wheat all day long.
When she had finished she put it into her cart.

Teraz zboże było gotowe do zmielenia na mąkę. Ale Mała Czerwona Kurka była bardzo zmęczona więc poszła do stodoły gdzie wkrótce usnęła.

Now the wheat was ready to grind into flour. But Little Red Hen was very tired so she went to the barn where she soon fell fast asleep.

Wczesnym rankiem Mała Czerwona Kurka zawołała do zwierząt:
"Czy ktoś mi pomoże zanieść zboże do młyna?"
"Ja nie," powiedział kot, "Jestem bardzo zajęty."
"Ja nie," powiedział pies, "Jestem bardzo zajęty."
"Ja nie," powiedziała gęś, "Jestem bardzo zajęta."

The next morning Little Red Hen called out to the other animals:
"Will anyone help me take the wheat to the mill?"
"Not I," said the cat, "I'm too busy."
"Not I," said the dog, "I'm too busy."
"Not I," said the goose, "I'm too busy."

"W takim razie pójdę sama!" powiedziała Mała Czerwona Kurka.
Pociągnęła wóz pełen zboża i pchała go całą drogę do młyna.

"Then I shall go all by myself!" said Little Red Hen.
She pulled her cart full of wheat and wheeled it all the way to the mill.

Młynarz wziął zboże i zmełł je na mąkę.
Teraz było gotowe do pieczenia chleba.

The miller took the wheat and ground it into flour.
Now it was ready to make a loaf of bread.

Mała Czerwona Kurka zawołała do zwierząt:
"Czy ktoś mi pomoże zanieść mąkę do piekarza?"
"Ja nie," powiedział kot, "Jestem bardzo zajęty."
"Ja nie," powiedział pies, "Jestem bardzo zajęty."
"Ja nie," powiedziała gęś, "Jestem bardzo zajęta."

Little Red Hen called out to the other animals:
"Will anyone help me take this flour to the baker?"
"Not I," said the cat, "I'm too busy."
"Not I," said the dog, "I'm too busy."
"Not I," said the goose, "I'm too busy."

"W takim razie pójdę sama!" powiedziała Mała Czerwona Kurka.
I sama zaniosła ciężki worek mąki do piekarza.

"Then I shall go all by myself!" said Little Red Hen.
She took the heavy sack of flour all the way to the bakery.

Piekarz wziął mąkę i dołożył drożdże, wodę, cukier i sól.
Wziął zrobione ciasto i wsadził je do pieca.
Gdy chleb był gotowy dał go Małej Czerwonej Kurce.

The baker took the flour and added some yeast, water, sugar and salt.
He put the dough in the oven and baked it.
When the bread was ready he gave it to Little Red Hen.

Mała Czerwona Kurka sama przyniosła świeżo
upieczony chleb na podwórko.

Little Red Hen carried the freshly baked bread
all the way back to the farmyard.

Mała Czerwona Kurka zawołała do zwierząt:
"Czy ktoś mi pomoże zjeść ten smaczny świeży chleb?"

Little Red Hen called out to the other animals:
"Will anyone help me eat this tasty fresh bread?"

"Ja," zawołał pies, "Już nie jestem zajęty."

"I will," said the dog, "I'm not busy."

"Ja," zawołała gęś, "Już nie jestem zajęta."

"I will," said the goose, "I'm not busy."

"Ja," zawołał kot, "Już nie jestem zajęty."

"I will," said the cat, "I'm not busy."

"Ah, muszę się zastanowić!" powiedziała
Mała Czerwona Kurka.

"Oh, I'll have to think about that!"
said Little Red Hen.

Mała Czerwona Kurka zaprosiła młynarza i piekarza,
aby podzielić się z nimi smacznym chlebem,
podczas gdy trzy zwierzątka tylko się im przyglądały.

The Little Red Hen invited the miller and the baker to share her
delicious bread while the three other animals all looked on.

key words

little	mała	clouds	chmury
red	czerwona	rain	deszcz
hen	kura	sun	słońce
farmyard	podwórko	ripe	dojrzałe
farm	farma	plant	siać
goose	gęś	cut	uciąć
dog	pies	sickle	sierp
cat	kot	bundle	wiązka
wheat	zboże	thresh	młócić
busy	zajęta	grind	zemleć

słownictwo kluczowe

flour	mąka	tasty	smakowity
the mill	młyn	fresh	świeży
miller	młynarz	delicious	smaczny
ground	zmielony	all	wszystko
bread	chleb	she	ona
baker	piekarz	he	on
yeast	drożdże		
water	woda		
sugar	cukier		
salt	sól		

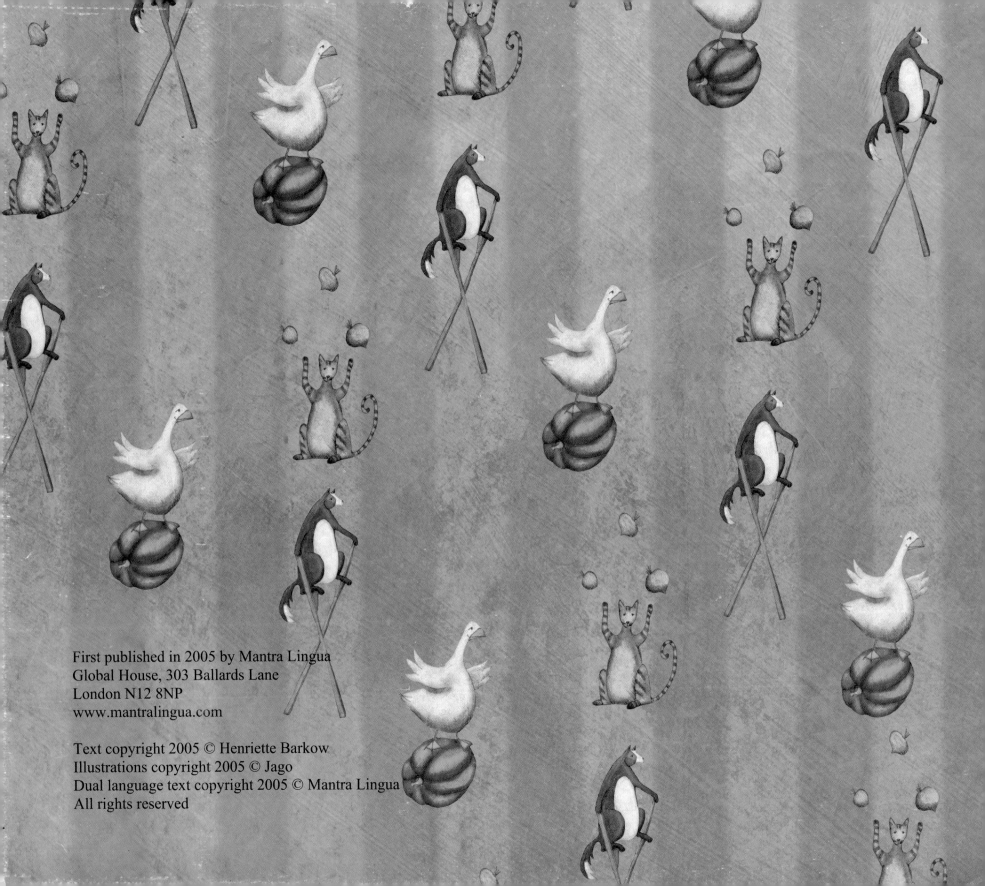

First published in 2005 by Mantra Lingua
Global House, 303 Ballards Lane
London N12 8NP
www.mantralingua.com